1학년 일기 모음

놀고 싶다

책동무 18

1학년 일기 모음
놀고 싶다

2012년 7월 27일 처음 펴냄
2026년 1월 30일 6쇄 펴냄

엮은이 이영근 | 그린이 윤지영
펴낸곳 (주) 우리교육 | 펴낸이 신명철
디자인 김진디자인
학급문집 심사 이주영, 이영근
주소 10403 경기도 고양시 일산동구 정발산로 24
전화 02-3142-6770 | 팩스 02-6488-9615
블로그 https://blog.naver.com/uriedu3142
제조국명 대한민국 | 사용연령 8세 이상
주의사항 종이에 베이거나 긁히지 않도록 조심하세요.
책 모서리가 날카로우니 던지거나 떨어뜨리지 마세요.

- 잘못된 책은 구입하신 서점에서 바꾸어 드립니다.

- 본문에 실린 일기글은 2000~2010년에 나온 학급문집에서 엮은 글입니다.
- 책값은 뒤표지에 있습니다.

ISBN 978-89-8040-135-2 73810

이 도서의 국립중앙도서관 출판시도서목록(CIP)은 e-CIP홈페이지(http://www.nl.go.kr/ecip)와
국가자료공동목록시스템(http://www.nl.go.kr/kolisnet)에서 이용하실 수 있습니다.(CIP제어번호: CIP2012003318)

1학년 일기 모음

놀고 싶다

이영근 엮음 ★ 윤지영 그림

우리교육

〈실린 문집〉

문집 이름 • 학교, 학년 • 지도한 선생님

〈그루터기〉(2004년) • 삼척 도계초 1학년 • 권일한 선생님
〈김치 우주선〉(2004년) • 양양 공수전분교 1학년 • 탁동철 선생님
〈꾀바구〉(2007년) • 포항 유강초 1학년 • 노미경 선생님
〈단비〉(2002년) • 동해 북평초 1학년 • 김윤숙 선생님
〈도롱뇽의 친구들〉(2003년) • 음성 대소초 1학년 • 김종욱 선생님
〈떼굴떼굴 도토리반 아이들〉(2005년) • 서울 누원초 1학년 • 이선애 선생님
〈모두 함께하는 들꽃 같은 아이들〉(2002년) • 태백 하사미분교 1학년 • 윤종달 선생님
〈민들레반 친구들이 쓴 일기〉(2001년) • 예천 동부초 1학년 • 최은경 선생님
〈보물단지 내 친구〉(2001년) • 대구 시지초 1학년 • 이미경 선생님
〈신바람 아이들〉(2006년) • 부천 계남초 1학년 • 안용덕 선생님
〈자연은 내 친구〉(2007년) • 상주 남부초 1학년 • 김화자 선생님
〈하늘다람쥐의 꿈꾸는 우리〉(2004년) • 성남 신흥초 1학년 • 서은정 선생님
〈함께 있어 행복한 우리〉(2006년) • 부산 명륜초 1학년 • 박은주 선생님
〈햇볕〉(2007년) • 울진 부구초 1학년 • 오은경 선생님

〈일러두기〉

1. 이 책에 실린 글은 (주)우리교육에서 해마다 여는 '좋은 학급문집 공모'에 2000학년도부터 2010학년도까지 참여한 학급문집에서 고른 1학년 어린이들의 글입니다.
2. 뚜렷하게 잘못된 글자와 띄어쓰기만 바로잡고, 입말이나 사투리는 되도록 그대로 두었습니다. 알기 어려운 말은 괄호 안에 그 뜻을 적었습니다.
3. 문집에 글 쓴 날짜가 없는 글에는 년도만 적었습니다. 〈설거지〉(32쪽), 〈우리 아빠〉(56쪽), 〈엄마 아빠 결혼기념일〉(73쪽)은 제목이 없는 글인데 제목을 달았습니다.

---

* 일기글을 가져온 학급문집 지도 선생님들께 출간 전 연락을 드렸으나, 몇몇 선생님께는 연락이 닿지 않았습니다. 연락을 받지 못한 선생님께서는 (주)우리교육으로 연락 부탁드립니다.

머리말

많이 움직이고 많이 말하는 어린이가 건강한 어린이

"어린이 여러분, 일기 쓰기 좋아하나요?"

아마도 1학년 어린이들은 "네." 하고 대답할 겁니다.

1학년 담임을 몇 해 동안 하면서 들었던 대답이기도 합니다. 1학년 어린이들은 자기가 보고 듣고 겪은 것을 누구에게라도 말하고 싶어 합니다. 쉴 새 없이 말하기를 좋아합니다. 많이 움직이고 많이 말하는 어린이가 건강한 1학년 어린이라 말할 수 있습니다.

어린이들이 그렇게 하고픈 말을 담을 수 있는 공간이 일기이니 싫어하지 않습니다. 내가 하고픈 말을 풀어낼 수 있으니 일기장을 좋아합니다.

이 책에는 전국의 1학년 어린이가 쓴 일기를 소중하게 모았습니다.

이 일기들은 문집에서 가려 뽑은 글입니다. 한 해 동안 교실에서 살며 쓴 글을 책으로 엮은 것을 '문집'이라 합니다.

〈우리교육〉출판사에서는 해마다 전국의 여러 선생님들이 정성껏 펴낸 문집을 모으고 있습니다. 그 문집에는 하나같이 우리 어린이들의 생각과 말이 가득 담겨 있답니다.

여기에 있는 일기를 한 편, 한 편 천천히 읽어 보길 바랍니다. 가끔은 눈을 감고서 읽은 내용을 머릿속에 그림으로 그려 보면 좋겠습니다. 사는 곳, 산 때는 다르지만 일기 속 어린이가 사는 모습이 보일 것입니다. 어쩜 글속 어린이가 하는 말이 들릴지도 모르겠습니다.

보통 일기는 즐겁고 좋았던 이야기를 쓴다고 알고 있습니다. 그런데 우리 어린이들이 쓴 일기를 보면 꼭 그렇지만은 않습니다. 속상한 일, 억울한 일, 기분 나빴던 일, 화나는 일을 많이 씁니다. 1학년 어린이들도 화나거나 속상한 이야기를 일기로 쓰며 속이 뻥 뚫리게 풀어냅니다.

일기는 글을 잘 쓰기 위해 쓰는 글쓰기 공부나, 검사를 받기 위해 쓰는 숙제가 아닙니다. 이 책에 나오는 일기처럼 자기 삶을 고스란히 담아내며 내 삶을 가꾸는 글입니다. 동무들 이야기, 가족 이야기, 흙과 풀과 같은 자연 이야기를 담아내는 글입니다.

어린이가 하고픈 말을 일기에 담았다면, 잘 쓰고 못 쓴 일기는 없습니다. 모두가 가치 있는 글입니다. 어린이와 어른들이 이렇게 가치 있는 글을 더 많이 읽으며 어린이 마음을 느끼면 좋겠습니다.

세상의 많은 1학년 어린이들이 일기를 쓰면 좋겠습니다. 잘 쓰려고 하지 않아도, 그냥 자기 말을 글로만 옮겨도 삶을 가꾸는 일기가 될 것입니다. 우리 어린이들이 일기를 쓰며 참 삶을 가꾸며 살아가면 좋겠습니다.

– 엮은이 이영근(안산 상록초등학교 선생님)

차례

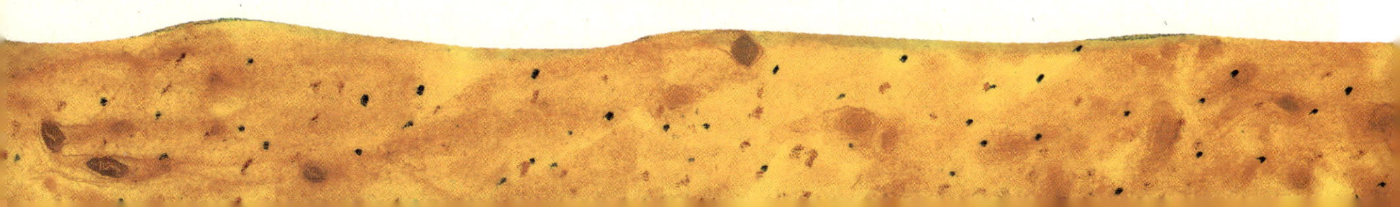

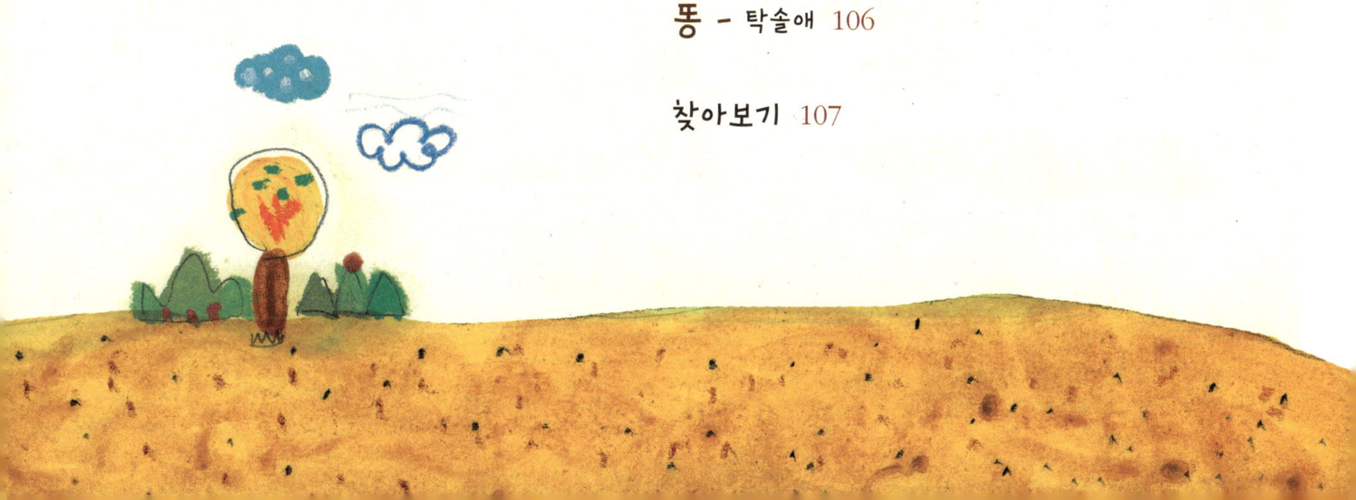

오늘은 2004. 4. 28.

혹

피아노 학원에서 이균이랑 최소진이랑 잡기놀이를 하다가 피아노에 쾅 박아서 혹이 났다. 별이 하나 보였다. 아주 많이 아팠다. 주사 맞는 것보다 굉장히 더 아팠다. 붉은 혹이었다.

한의수 강원 삼척 도계초 1학년

오늘은 2004. 4. 27.

비

비가 스스스 오고 있어요. 내가 한결이랑 학교 갈 때 우산 쓰고 가요. 툭둑툭툭 비가 오고 있는데 우산에 맞으니까 틱틱틱 튀어요. 우산 들고 한결이는 내 옆에 서서 나랑 같이 가요. 가다가 연못에 흙탕물이 있었고 올챙이가 엄지손만 하게 컸다. 도룡뇽도 나올려고 알 속에서 흐물흐물 움직이며 쉬고 있다. 말랑말랑 도룡뇽. 땅바닥이 축축하다. 신발도 젖었다. 학교에 갈라고 그러는데 혜진이 언니가 안녕 그러면서 우산을 쓰고 왔다. 비는 한 번도 안 쉬고 비가 막 쏟아진다.

탁솔애 양양 공수전분교 1학년

오늘은 2007. 5. 1.

비

오늘은 비오는 날, 온 세상이 비로 덮혔습니다. 그리고 학교 운동장 모래는 쭈굴쭈굴한 진흙으로 덮혔습니다.

배대훈 울진 부구초 1학년

오늘은 2002. 5. 6.

물고기 잡기

오늘은 미진이 언니랑 용석이랑 물고기를 잡았다. 우리가 잡아서 그런지 죽었다. 그래서 불쌍했다.

이수미 태백 하사미분교 1학년

오늘은 2002. 5. 11.

병아리

닭이 병아리를 깠다. 그래서 우리 집에 있는 병아리는 모두 서른여섯 마리이다. 아주 좋다.

신의토 태백 하사미분교 1학년

오늘은 2003. 5. 16.

저녁

오늘은 아빠가 일찍 들어오셔서 수박도 같이 먹고 밥도 같이 먹었다. 참 좋았다. 아빠가 매일 매일 빨리 들어오면 좋겠다. 내가 일기를 쓸 때 엄마는 설거지를 하고 아빠는 쿨쿨 잠을 자고 있었다. 잘 때는 엄마 아빠랑 같이 잔다. 그리고 나는 종건이랑 같이 잔다. 내일은 토요일 엄마랑 같이 자는 날이다.

이아빈 음성 대소초 1학년

오늘은 2003. 5. 21.

꽃소풍 가는 날

5월 28일은 꽃소풍 가는 날. 나는 빨리 5월 28일이 됐으면 좋겠다. 나는 김밥을 싸고 소풍을 갈 거다. 음료수도 싸 갈 거다. 물도 오렌지도 싸 갈 거다. 선생님하고 친구들하고 갈 거다. 김밥이 참 맛있겠다.

이아빈 음성 대소초 1학년

오늘은 2007. 6. 6.

우리 밭에 두꺼비가 왔다

오늘 엄마가 갑자기 비명을 지르셨다. 엄마가 두꺼비를 흙으로 알고 두꺼비를 만져 버렸다. 우리 언니 오빠가 엄마가 소리를 지르셔서 엄마가 계시는 곳으로 뛰어갔다. 엄마가 가르친(가리킨) 곳은 두꺼비가 있는 쪽이었다. 나, 언니, 동생 남기, 오빠도 그걸 보았다. 난 오들오들 떨었다. 그런데 우리 오빠가 용감히 풀숲으로 내쫓았다. 기분이 너무너무 무서웠다.

김영나 포항 유강초 1학년

오늘은 2007. 6. 26.

개미

나는 오늘 운동장에서 개미를 봤다. 그런데 어떤 개미는 싸우고 있고, 어떤 개미는 먹이를 옮기고 있었다. 그리고 개미를 만져 보았는데 개미가 깨물었다. "아야!"라고 했다. 나는 큰 개미는 문다는 것을 알았다.

김초혜 포항 유강초 1학년

오늘은 2007. 6. 17.

다쳤는 날

오늘 학교에서 신석현 때문에 다 나아 가던 팔꿈치가 또 까졌다. 너무나 아팠다. 울고 싶었다. 그래도 꾹 참았다. 왜냐면 여자 애들도 있었고 다 모여 있는 시간이었다. 선생님이 보고 보건실에 가라고 하셨다. 보건실 선생님이 반창고를 붙이면 빨리 안 낫지만 붙였다. 왜냐면 물이 들어간다고 했다.

선생님 너무 아팠어요.

김형진 포항 유강초 1학년

오늘은 2007. 6. 11.

시계

시계는 똑딱똑딱 우리 집 시계는 너무 빠르다. 내가 밥을 먹고 준비를 빨리 했는데 벌써 6분이 되어서 지각을 맨날 한다. 어쩔 때는 내가 준비를 안 하고 꾸물대고 있을 때 시계는 너무 빨리 가서 지각을 할 뻔했는데 다행히 오늘은 지각을 안 했다.

김민서 울진 부구초 1학년

오늘은 2006. 6. 15.

지렁이 걷기

나는 흰빰오리(선생님 별명)와 지렁이 걷기를 했다. 나는 머리가 무척 뜨거웠고 발이 물에 들어갔다. 지렁이처럼 걷고 오니까 선생님이 수돗물에서 발을 씻어 주었다. 교실에 오니까 발이 매끌매끌했다.

주현 부산 명륜초 1학년

오늘은 2005. 7. 3.

분수대

시청 광장 분수대에서 놀았다.

물이 올라올 때 엉덩이를 대어 보았다. 하늘로 올라가는 것 같다!

옷이 흠뻑 젖었다.

조성남 서울 누원초 1학년

오늘은 2007. 7. 12.

아빠 빵귀

아빠 빵귀(방귀)는 심하다. 아빠는 전에 죽을 정도로 빵귀가 독하다. 나는 아빠가 빵귀를 뀌면 나는 도망을 친다.

입강희 포항 유강초 1학년

오늘은 2007. 7. 13.

동생이 아파요

모기 매트에 지환이가 손을 데었다. 엄마 잘못이 아닌데도 자꾸 미안하다 하신다. 영아나 내가 아플 때도 그러신다. 엄마 마음이 너무 아파서 그러신단다.

엄마, 성필이는 안 아프고 건강하니까 걱정 마세요.

김성필 포항 유강초 1학년

오늘은 2007. 9. 11.

책

어젯밤에 엄마가 피곤하다고 했다. 그래서 엄마는 내가 읽어 주는 동화책을 듣고 싶다고 했다. 나는 마침 잘됐다고 했다. 학교 숙제가 ≪성난 수염≫에서 재밌는 거 찾아서 읽으라고 했는데 엄마한테 〈눈이 빠진 아이〉와 〈점잖은 집안〉을 읽어 줬다. 〈눈이 빠진 아이〉는 너무 슬펐고 〈점잖은 집안〉은 너무 웃겼다. 엄마한테 그거 읽어 주니까 코코 잘도 잔다.

박현지 상주 남부초 1학년

오늘은 2007. 9. 11.

미용실

엄마랑 같이 미용실에 갔다. 조금만 자르고 싶었는데 엄마는 짧게 자르고 파마를 해 달라고 했다. 파마는 하기 싫었다. 슬펐다. 머리를 하는 동안 기분이 속상했다. 엄마와 삼촌은 예쁘다고 했다. 그런데 나는 이상했다. 집에 오니까 머리에 열이 나고 아팠다. 짜증났다.

김소흔 포항 유강초 1학년

오늘은 2007. 9. 11.

낚시터

날씨가 아주 더웠어요. 할아버지와 낚시터를 갔어요. 할아버지가 물고기 밥을 물에다 담그는데 할아버지가 물에 풍덩 빠지고 말았어요. 내가 줄을 할아버지께 주었어요. 할아버지를 건졌어요.

양민렬 상주 남부초 1학년

오늘은 2004. 9. 12.

똥

나하고 아빠하고 엄마하고 한결이하고 결혼식장에 갔다. 밥을 먹고 있는데 한결이가 똥이 마렵다고 화장실에 갔다. 한결이가 "언니 다 누었어." 해서 내가 갔는데 똥이 과자 같았다.

탁솔애 양양 공수전분교 1학년

오늘은 2004. 9. 12.

설거지

나는 오늘 설거지를 했다. 정확하게 말하면 내가 엄마를 도와 드린 거다. 내가 설거지를 도와 드리니까 엄마도 좋아하셨다. 엄마가 좋아하니까 나도 좋았다. 왜냐하면 나는 엄마를 사랑하기 때문이다.

최수민 성남 신흥초 1학년

오늘은 2007. 9. 16.

황당했던 일

도서관 가다가 똥이 마려워서 화장실에서 똥을 누는데 휴지를 안 들고 갔다. 그래서 밖에 누가 있냐고 불러도 아무도 없었다. 밖에서 선생님 목소리와 두연이 목소리가 들렸다. 그래서 크게 소리쳐도 오지 않았다. 그래서 울고 있을 때 삼학년 수민이 언니가 "성혜야 왜 울어?" 해서 "언니 휴지 좀 갔다줘." 해서 언니가 휴지를 가지고 왔다. 좀 황당했다.

손성혜 포항 유강초 1학년

오늘은 2007. 9. 14.

친구랑 싸운 날

오늘 학교에서 신석현이랑 싸웠다.

왜 싸웠냐 하면 줄 설 때 신석현이가 내 줄 앞으로 가려고 했다. 석현이에게 비켜 달라고 했더니 신석현이가 결투를 하자고 했다.

그래서 신석현이랑 싸웠다. 나는 안 울었는데 석현이가 울어서 선생님께서 석현이를 달래 주라고 하셨다. 내가 "미안해."라고 했다. 신석현이가 속상했던 것 같았다.

나도 속상했다.

배준형 포항 유강초 1학년

오늘은 2007. 9. 18.

편식

저녁 메뉴가 콩나물국이었다. 밥만 먹고 국에 있는 건더기는 안 먹었다. 편식을 해서 굶으라고 벌을 내리셨다. 사과도 못 먹었다. 사과가 자꾸 먹고 싶어졌다. 울었다. 다음에는 편식을 안 할 거다.

이원기 포항 유강초 1학년

오늘은 2002. 9. 17.

김밥

김밥을 먹었다. 오늘 저녁은 김밥이고 이모들도 와서 먹었다. 10층 이모, 7층 이모…. 김밥을 20줄을 먹었다. 세 줄은 아빠가 먹을라고 하였다. 내가 한 줄을 먹었다. 아빠는 두 줄을 먹어야 한다. 김밥이 제일 맛있었다. 밥보다 맛있고 삼계탕보다 맛있다. 그래서 제일 맛있는 게 김밥이다. 식당에서 먹는 거보다 엄마가 싸 주는 게 더 맛있다.

심예지 동해 북평초 1학년

오늘은 2006. 9. 19.

똥 *싸기

나는 똥을 아침에 누고, 언제는 저녁에 눈다. 이제 똥이 잘 나온다. 똥 누고 나니까 기분이 좋아진다. 내일도 똥을 누고 학교를 갈 것이다.

유철희 부천 계남초 1학년

* 싸기 : 누기

오늘은 2006. 9. 25.

학교에서 우리 집까지 가는 길

내가 학교에 갈 때는 나무들이 서 있다. 햇볕이 있어서 너무 더울 때는 나무 그늘로 간다. 그래서 시원하다. 나는 더움(더위)도 끄떡 없다.

하강림 부산 명륜초 1학년

오늘은 2003. 9. 20.

고마리와 여뀌

고마리 꽃은
참 예쁘다.
일요일 또 와서 봐야지.

박정미 음성 대소초 1학년

오늘은 2006. 9. 26.

학교에서 집으로

아침에 학교 갈 때는 그냥 학교로만 가면 된다. 하지만 학교에서 집으로 돌아올 때는 가야 할 곳이 많다. 수업을 마치면 나는 학교 뒷문으로 나가서 버스정류장으로 간다. 51, 51-1, 100번을 타고 학원에 가서 공부를 하고 다시 어학원에 가서 영어를 한다. 학원 수업을 다 마치고 집에 돌아오면 다섯 시가 넘는다. 아침에 학교 갈 때처럼 학교만 가면 좋겠는데…. 오후에는 돌아오는 길이 너무 멀다. 그래도 공부는 열심히 해야 하는데….

이동주 부산 명륜초 1학년

오늘은 2006. 9. 28.

가을

가을은 참 재미있다. 밤도 먹고 좋다. 오늘 밤을 먹었다. 너무너무 맛있었다. 다음에 또 먹었으면 좋겠다. 홍시도 먹고 싶고 감도 먹고 싶다. 나뭇잎 종류는 아주아주 많이 있다. 빨간색도 있고 노란색도 있고 또 있을까? 또 나뭇잎은 잘 부서진다. 밟으면 바삭바삭 소리가 난다. 너무너무 좋은 소리다. 나뭇잎을 모아서 집을 꾸미고 싶다. 집을 꾸미면 참 예쁠 것 같다. 또 피아노 의자도 꾸미고 싶고 전화기도 꾸미고 싶고 필통까지 꾸미고 싶다. 그리고 벽도 꾸미고 싶다.

서정수 부산 명륜초 1학년

오늘은 2005. 9. 30.

달

달은 닮은 것이 많아요. 보름달은 선풍기, 내 얼굴, 사과, 감, 포도알, 공, 눈, 비눗방울 같다. 그리고 반달은 송편, 웃는 입, 수박. 초승달은 웃는 입, 바나나, 손톱, 눈썹 같아요. 그리고 그믐달은 모르겠어요.

노유란 서울 누원초 1학년

오늘은 2007. 9. 30.

메뚜기 잡은 날

오늘 아빠랑 메뚜기를 잡았다. 나는 다섯 마리 잡을 때 아빠는 백오십 마리나 잡았다. 왜 못 잡았냐면 잡으면 징그러워서 다섯 마리밖에 못 잡았다. 아는 아줌마도 많이 잡았다. 집에 돌아와서 엄마가 메뚜기를 삶았다. 그래서 엄마가 아침에 먹는다 그랬다.

권기정 포항 유강초 1학년

오늘은 2004. 10. 3.

제사 지내기

오늘 아침 다섯 시에 일어나 옷을 갈아입고 또 제기를 닦았다. 나는 졸려서 하품을 했다. 많이 졸리나 보다. 우리 언니랑 힘을 합쳐 열심히 빤짝빤짝 빛나게 닦았다. 이제 마지막으로 음식 나르기다. 엄마랑 할머니랑 음식을 차리면 우리가 쟁반을 갖고 가서 음식을 쟁반에 올린 다음 할아버지가 있는 방에 놓고 오는 것이다. 우리 엄마는 유과를 〈헨젤과 그레텔〉에 나오는 마녀 집이랑 똑같이 쌓았다. 이제 절하는 시간이 됐다. 나는 절을 했다. 이제 큰집에만 가면 된다. 큰집에 가면 맛있는 음식이 많이 있다. 나는 이제 일을 열심히 할 거다.

정회민 성남 신흥초 1학년

오늘은 2000. 10. 4.

만들기를 하다가

학교에서 만들기를 하고 있는데 창근이가 와서 칼을 좀 빌려 달라고 했다.

장난으로 칼 대신 가위를 주려다가 칼에 손을 베이고 말았다. 그래서 양호실에 가니까 양호 선생님께서 두 개는 그냥 치료해도 괜찮지만 두 개는 많이 베어서 꿰매야 한다고 하셨다.

나는 그래서 겁이 많이 났다.

선생님께서 엄마께 전화를 하셔서 엄마와 병원에 가서 꿰매는데 난 내 잘못으로 해서 그랬기 때문에 꾹 참았다.

엄마가 좋아하는 오징어를 사 주셔서 너무 좋았지만 다친 것은 좋지 않았다. 그래서 앞으로는 조심할 것이다.

고재훈 예천 동부초 1학년

오늘은 2006. 10. 5.

송편

큰어머니께서 쌀가루 반죽을 가져오셨다. 사촌오빠, 사촌언니, 어머니, 큰어머니 이렇게 다섯이서 송편을 만들었다.

송편을 만드는 방법. 쌀가루 반죽을 조금 떼어서 공 모양으로 만든다. 공 모양에서 밑에 검지 중지 약지 애기 손가락을 받치고 엄지로 살살 눌러 준다. 너무 납작해도 안 되고 너무 두꺼워도 안 된다. 적당히 눌러서 보름달 모양으로 만들어 숟가락으로 고물을 펴서 넣고 반달 모양처럼

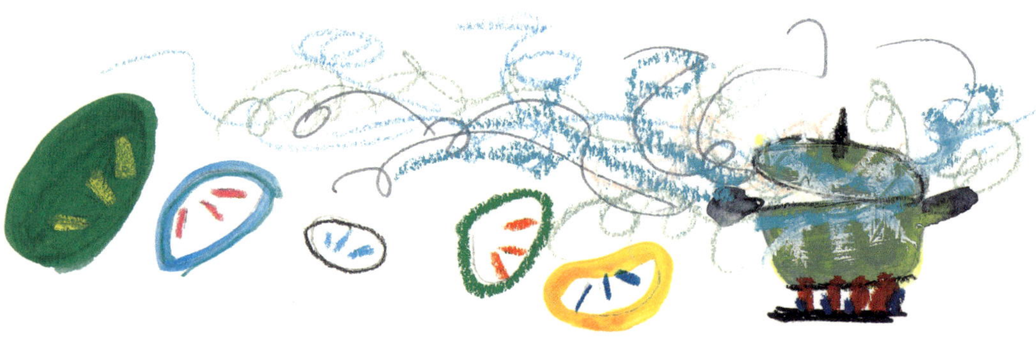

하지 않고 그냥 착 붙여서 동그랗게 만든다. 그 동그랗게 만든 것을 또 다시 손가락 위에 얹고 검지 중지 약지 손가락으로 꾹 눌러 준다.

그러면 송편 완~성~. 만들고 있는데 어머니께서 내가 만든 송편이 제일 예쁘다고 하셨다. 내일은 추석이다. 내가 만든 송편 빨리 먹고 싶다. 다음에는 더 예쁜 송편 만들어야지.

박소영 부산 명륜초 1학년

오늘은 2007. 10. 5.

엄마

엄마는 매일 아침에 화를 내신다. 동생이 말을 안 듣고 옷도 안 입어서 엄마가 화를 내셨다. 엄마가 동생을 때리는 것이 슬프다. 엄마는 아빠가 오면 밥을 해 주시고 아빠가 없으면 빵을 주신다. 나는 밥을 먹는 게 좋고 아빠도 오셨으면 좋겠다.

김준모 울진 부구초 1학년

오늘은 2003. 10. 10.

수제비

수제비면이 부드럽고 쫄깃한 맛이 나려면 반죽을 잘해야 한다. 감자, 호박, 대파, 양파, 고추, 계란 그리고 양념을 넣어야 맛있는 수제비가 된다. 엄마가 해 주신 음식은 언제나 맛이 있었다. 오늘은 색다른 맛이었다.

위민철 음성 대소초 1학년

오늘은 2006. 10. 11.

메가마트

선생님이 소고를 가져오라고 했다. 그래서 할머니가 빨리 사러 가자고 했다. 사러 갔다. 어디 있는지를 몰랐다. 이제 찾았다. 근데 손으로 치나? 잘 몰랐다. 그래서 메가마트에서 일하는 사람에게 물어 봤다. 아저씨가 "손으로 치는 거예요."라고 말씀하셨다. 집에 돌아왔다. 나는 근데 소고를 손으로 치는 게 이상했다. 그래서 여기 저기 둘러봤다. 손잡이를 돌려 봤다. 손잡이 맨 끝부분을 열어 봤다. 열다 보니 거기서 치는 게 나왔다. 내 이상한 게 딱 맞았다! ^^

최윤서 부산 명륜초 1학년

오늘은 2007. 10. 11.

아침

나는 오늘 7시 30분에 일어났다. 나는 밥을 먹을 때 바람이 불어서 추웠다. 그래서 나는 의자에 눕어(누워) 있었다. 그런데 아빠가 와서 벌떡 일어났다. 왜냐면 내가 눕어 있을 때 아빠가 혼내기 때문이다. 그 다음 나는 밥을 다 먹고 이 닦고 세수하고 옷 입고 학교에 갔다. 나는 아빠가 무서워서 매일 피해 다닌다.

박이현 포항 유강초 1학년

오늘은 2006. 10. 12.

낙서

도서관에서 빌려온 ≪냄비와 국자전쟁≫을 읽고 있는데 낙서가 있었다. 지우개를 가지고 와서 지우면서 '이제 없겠지.' 하고 생각했는데 몇 장을 넘기니까 또 나왔다. 거기엔 욕이 써 있었다. 나는 화가 났다. 여러 사람이 함께 보는 책인데 낙서를 하는 사람은 정말 나쁘다. 그런 사람은 책을 소중히 여기지 않는 사람이다.

강지원 부산 명륜초 1학년

오늘은 2003. 10. 13.

놀고 싶다

오늘은 놀이터에서 놀고 싶었지만 엄마는 공부를 하라고 하신다. 하지만 친구들이 밖에서 노는 것을 보니까 화가 난다. 공부를 하는데 민철이 아줌마가 오셨다. 우리는 밖에 나가서 한 시간 동생과 놀 수 있었다.

김세란 음성 대소초 1학년

오늘은 2006. 10. 13.

우리 아빠

우리 아빠는 토요일이 되면 학교 앞에서 내가 오기만을 기다리세요. 저도 커서 엄마가 되면 아빠처럼 다정한 엄마가 될 거예요.

서정연 부천 계남초 1학년

오늘은 2006. 10. 13.

배 나아라 뽕뽕!

오늘은 내가 아이스크림을 많이 먹었다. 그래서 배가 아팠다. 그래서 엄마가 엉덩이를 '탁!' 치니까 방귀가 '뿡!' 하고 나왔다. 그래서 나는 화장실로 급하게 뛰어갔다.

"아휴, 살았다." 하는데 갑자기 똥이 뿌지직 나왔다.

곽부걸 부천 계남초 1학년

오늘은 2007. 10. 13.

체한 날

오늘은 일요일이어서 영화를 보러 갔다. 오랜만에 포항시네마에 갔다. 영화 볼 때는 많이는 CGV(씨지브이) 영화관 갔는데 이번엔 포항시네마에 갔다. 영화 제목은 〈카핑 베토벤〉이었다. 슬픈 이야기였다. 하지만 괜찮았다. 베토벤이 어떤 여자와 같이 연주를 하는 이야기다. 좀 슬프지만 괜찮았다. 다 보고 나서 식당에 가서 밥을 먹었다. 너무 배가 고파서 허겁지겁 먹었다. 집에 와서 옷을 갈아입었는데, 아래쪽 배가 아프고 거북했다. 그래서 엄마한테 말했더니 내 귀를 만지면서 체했다고 하셨다. 그 소리를 듣고 아빠가 "따야겠네."라고 하셨다. 난 "따야겠네."라는 소리를 듣고 조금 무서워졌다. 하지만 딸 때 꾹 참고 울지 않았다. 언니가 장하다고 했다. 그리고 소화가 되게 소화제 약을 먹었다. 좀 탁 쏘기도 하고 조금 쓰기도 했다. 엄마가 소화 되게 많이 걸어 다니라고 했다. 근데 엄마 말처럼 계속 걸어 다니니깐 괜찮아졌다. 다음부턴 밥을 먹을 때는 천천히 꼭꼭 씹어서 먹어야겠다.

신효림 포항 유강초 1학년

오늘은 2007.

나를 소개합니다

나는 호박을 싫어해. 엄마가 맨날 새우를 넣으니까. 나는 달리기를 좋아해. 운동이 되거든. 나는 고추를 싫어해. 너무 매워서. 나는 입냄새를 싫어해. 입냄새가 너무 지독해. 나는 수학익힘책이 좋아. 쉬우니까. 나는 수박이 좋아. 시원하니까. 나는 오징어를 좋아해. 고추장에 찍어서 먹으면 맛있어.

도어진 울진 부구초 1학년

오늘은 2000. 10. 19.

감 따러 갔다

오늘은 감을 따러 갔다.

큰아빠는 감나무 위에서 가지를 흔들었다.

우리가 감에 머리를 맞을까 봐 멀리 도망을 갔다.

감은 우리에게 곶감과 홍시를 먹을 수 있도록 해 준다.

하지만 많이 먹으면 똥을 누기가 힘들다고 할머니가 많이 먹지 말라고 했다.

감은 우리에게 소중하다고 생각했다.

권혁민 예천 동부초 1학년

오늘은 2007. 10. 18.

119 출동 시작한 날

아침 6시에 아빠가 정신을 잃어서 119 구조대를 불렀다. 119는 처음 우리 집에 온다. 어젯밤부터 새벽까지 수술을 했다. 성모병원 가니 그쪽에 아빠가 있었다. 아빠가 피를 뺐다. 간호사가 와서 나쁜 피를 없앴다. 나중에 또 피가 나왔다. 조금 있으면 또 피를 없애야 한다. 아빠가 이제 정신을 찾았다. 다행이다. 나는 커서 이렇게 안 될 거다. 아빠가 빨리 나았으면 좋겠다.

안지훈 포항 유강초 1학년

오늘은 2003. 10. 22

논

논에 갔다. 논에서 개구리를 보았다. 만져 보았다. 말랑말랑했다. 느낌이 좋았다.

류재욱 음성 대소초 1학년

오늘은 2000. 10. 24.

잘 놀린다

나는 아침에 학교를 왔다.

그런데 태훈이, 정우, 보라, 창근이가 자꾸 놀렸다.

나는 화가 났다.

왜 자꾸만 나보고 해파리라고 놀리는지 알 수가 없다.

해파리는 해이고 나는 혜이다.

학원 갈 때도 발로 차고 머리를 때리고 했다. 때린 아이는 재훈이와 창근이다. 그래서 나는 울었다.

내가 우니까 재훈이가 손바닥을 내밀었다.

“혜정아, 때리고 싶은 만큼 때려.”라고 했다.

그래도 나는 안 때렸다.

나는 아파도 참고 안 울겠다.

그래서 나는 재훈이와 사이좋게 지내겠다고 약속을 했다.

장혜정 예천 동부초 1학년

오늘은 2005. 10. 28.

이빨

이빨 노래는 재밌다. 노래를 부르다 까치야 노래를 부른다. 그래서 재미있다. 나도 일곱 살 때 난간에서 떨어져 이빨을 뺐다. 팔꿈치도 까지고 무릎도 까졌다. 그래서 병원에 갔다. 약도 받고 그랬다.

이성무 서울 누원초 1학년

오늘은 2000. 10. 30.

일기

학교에서 체육시간에 운동장에 나가서 배드민턴 채로 풍선치기를 준비하라고 선생님께서 풍선을 하나씩 나누어 주셨다. 나는 이우진과 짝이 되어서 풍선을 불었다. 나는 배드민턴 채로 칠 준비를 하고 우진이는 "은범아, 풍선 날아간다. 받아라." 하였다. 나는 "잘 받아주지. 어디 와봐라." 계속하다가 우진이가 "은범아, 우리 따로 하자." 하였다. 그래서 나는 임성창이랑 하는데 풍선이 하늘로 날아가더니 나뭇잎 있는 데로 떨어지더니 갑자기 풍선이 터지는 게 폭탄 터지는 것같이 펑 하고 터지자 나는 "어이쿠." 깜짝 놀라 뒤로 넘어질 뻔하였다. 정말 즐거운 하루였다.

황은범 대구 시지초 1학년

오늘은 2006. 11. 3.

낙서

우리 집은 온통 낙서투성이다. 우리 방과 엄마 방은 낙서투성이다. 제일 깨끗한 방은 이모 방이다. 그런데 꼼지 때문에 이모 방도 지저분하다. 제일 낙서대장은 엄마다. 왜냐면 벽에 전화번호를 적는다. 그 다음에는 동생이다. 왜냐면 세모, 네모, 동그라미를 그린다. 그 다음은 바로 나다. 나는 졸라맨을 빨간색 연필로 낙서한다. 엄마가 동생과 나한테 피카소 화가라고 하셨다. 피카소가 그린 작품을 보고 싶다. 그래서 책으로 찾아봐야지. 우리 방은 지저분하지만 재미있고 행복하게 산다.

변승우 부산 명륜초 1학년

오늘은 2007. 10. 23.

손

엄마 손을 씻겨 드렸다. 우리 엄마 앞손은 부드럽다. 뒷손은 조금 까칠하다. 그리고 표정은 하하호호 웃었다. 손톱은 두껍지도 않다. 조금은 두껍다. 엄마 손 씻으니까 이렇게 재미있을 줄 몰랐다. 앞으로 손을 자주 씻겨 주겠다. 매일은 아니고!

김현희 울진 부구초 1학년

오늘은 2006. 11. 5.

수영장에 갔다

오늘 지루해서 아빠가 와서 수영장에 갔다. 수영장에 사람이 너무 많아서 납작꽁이 될 뻔했다. 다행이 납작꽁은 안 됐다. 그런데 거기는 찬물이 한 탕밖에 없었다. 그래서 반물땅에서 따뜻따뜻하게 낮잠을 잤다. 그래서 아주 재미있었다. 가장 재미있었던 것은 수영장에서 낮잠 자는 것이 제일 재미있었다.

박수언 부산 명륜초 1학년

오늘은 2003. 11. 5.

가을 학교

언니 오빠들이 훌라후프를 데굴데굴 굴립니다.
무궁화 잎이 사르르 떨어집니다.
그네를 타면 삐리리 소리가 납니다.
바람에 나뭇잎들이 후두둑 떨어집니다.
선생님이 불러서 우리는 툭툭툭 뛰어갑니다.

김진선 음성 대소초 1학년

오늘은 2003. 11. 5.

아침 겨울

아침에 쓰레기 주슬(주을) 때 너무 추워서 손이 없는 것 같았다. 선생님이 "유정아 그러면 일기에 오늘은 너무 추워서 손이 없는 것 같다고 써."라고 말하셨다. 손에 힘을 빼고 흔들면 손이 얼음같이 얼어서 손이 무거웠다. 오늘 손 때문에 재미있었다.

전유정 음성 대소초 1학년

오늘은 2004. 11. 6.

엄마 아빠 결혼기념일

오늘 아빠 엄마의 결혼 사진을 보고 깜깍 놀랐다.

그때는 엄마가 예뻐 보였다.

결혼한 지는 이달 2일이 결혼 10주년이라고 들었다.

그래서 엄마 아빠께 감사의 편지와 정성이 가득한 조그만 선물을 드리고 결혼기념일 때는 저를 키워 주셔서 감사하다고 안아 드리고 볼에 뽀뽀를 해 드리겠다.

엄마 아빠 고맙습니다.

전동민 성남 신흥초 1학년

오늘은 2003. 11. 7.

선생님

3반 선생님은 이쁜 척을 해서 싫다. 어제는 거울을 스물한 번 봤다. 그래서 싫다.

권진 음성 대소초 1학년

오늘은 2007. 11. 7.

빨랫비누로 씻는 것

오늘 목욕할 때 선생님처럼 빨랫비누로 씻었다. 빨랫비누로 하니까 좀 그랬다. 나는 샴푸하고 린스를 했는데 이제 빨랫비누로 한다. 오늘 오빠가 샴푸를 오빠 손에 가득 담아서 머리에 묻혔다. 그리고 머리를 아주 부드럽게 할려고 린스도 가득해서 머리에 발랐다. 오빠는 환경이 아깝지도 않은 모양인 것 같다. 우리 선생님은 환경과 우리 몸이 중요하다고 했으니 그것은 꼭 지켜야 된다.

천소현 포항 유강초 1학년

오늘은 2004. 11. 12.

부지런한 우리 엄마

우리 엄마는 참 부지런한 것 같다. 왜냐하면 아침밥 저녁밥 주고, 밥 만들고, 설거지하고, 아빠 신문 갖다 주고, 전화하고, 과일 깎고, 반찬 챙겨 주고. 정말 부지런한 우리 엄마다. 엄마 일 열심히 하고 건강하세요.

조규상 성남 신흥초 1학년

오늘은 2003. 11. 10.

필리핀 아저씨

오늘은 (우리 가게에) 필리핀 아저씨가 또 왔다. 아저씨한테 영어를 배우려고 옆에 갔다. 이름은 갈만 산테스 피네 아저씨였다. 근데 아저씨가 가고 나서 보니 두부를 잔뜩 사고 놓고 갔다. 두부를 주고 싶은데 이미 두 시간이 지나고 발견해서 그랬다. 근데 알고 보니 버스정류장에서 버스를 기다리고 있었다.

"피네 아저씨."라고 말했다. 아저씨가 땡큐땡큐라고 몇 번을 말했다. 나는 마음이 뿌듯 흐뭇했다.

강유성 음성 대소초 1학년

오늘은 2007. 11. 12.

이빨 빠진 날

오늘 붕붕 타다가 이빨이 빠졌다.

왜냐면 난 붕붕에서 누워 있고 이승재는 머리를 나의 배에 올려 놓고 누웠다. 언니가 뛰는 바람에 이승재 머리가 내 얼굴로 와서 언니가 힘껏 뛰었는데 이승재 머리가 내려와서 이빨 흔들리는 곳에 부딪쳤다. 충격은 오래가지 않았다.

난 이빨이 빠진 줄 알고 만져 봤더니 바로 떨어졌다. 난 그걸 다시 주워 손에 쥐었다. 그리고 언니랑 이빨을 가지고 집에 갔다. 집에 도착해서 이빨이 빠졌다고 부모님께 말했다. 그리고 이빨을 아빠께 건네 드렸다. 그리고 "아빠, 지붕에 던져야 해요. 까치가 이를 물고 가 멋진 새 이를 준다는 전설이 있잖아요.^^"라고 말했다. 아빠가 알았다고 했다. 아빠가 진짜로 던질까? 걱정된다. 그래도 난 아빠가 지붕에 던진다는 걸 믿을 거다.

이은솔 포항 유강초 1학년

오늘은 2005. 11. 13.

엄마와 동생 발 씻어 주기

오늘 엄마와 동생 발을 씻겨 주었다. 오늘 한쪽 손이 종이에 베어서 한쪽 손으로밖에 못 닦아 주었다. 엄마 발은 거칠거칠한데 동생 발은 매끈매끈하고 부드럽다. 그만큼 엄마가 고생을 하는 걸 알았다. 이제부터는 엄마 말씀을 더 잘 들어야겠다.

강성구 서울 누원초 1학년

오늘은 2007. 11. 14.

아빠 사랑해요

아빠가 퇴근하고 돌아오시면 난 아빠에게 안긴다. 오늘도 아빠가 날 안아 주셨다. 아빠가 안방으로 들어가실 때 내가 머리를 부딪힐 뻔했다. 난 아빠가 정말 좋다. 아빠 회사 가실 때도 뽀뽀를 하고 가신다. 난 책도 좋고 동생, 엄마도 좋지만, 아빠도 좋다. 난 내 자신이 이 세상에서 가장 행복하다고 생각한다.

손성혜 포항 유강초 1학년

오늘은 2007. 11. 14.

소금으로 이빨 닦아 본 날

오늘 소금으로 이빨을 닦았다. 소금으로 이빨을 닦아 보니깐 너무너무 짰다. 나는 황토 소금으로 닦았다. 나는 처음으로 해 봤다. 옛날 사람도 치약이 없어서 소금으로 닦았다. 다음에도 소금으로 닦을 거다.

김재웅 포항 유강초 1학년

오늘은 2003. 11. 16.

꽃

오늘 꽃에게 물을 주었는데 소리가 나서 꽃에 귀를 대 보니 꽃이 쪽쪽 후루루 후루루 하며 물을 먹는 소리였다. 그 소리가 왠지 신기하고 좋은 것 같다. 그러니까 자연이 생각난다.

전유정 음성 대소초 1학년

오늘은 2007. 11. 17.

감 따기

시골에 감을 따러 갔다. 감을 따는 게 너무 재미있다. 외삼촌이 감나무 위에 올라 가셨다. 톱으로 가지를 잘랐다. 형과 나는 바구니에 감을 주워 담았다. 형아는 닭을 괴롭혔다. 닭이 날개를 푸더덕 푸더덕 하며 도망갔다. 나는 닭한테 손가락을 쪼일 뻔했다. 그런데 시골에는 왜 할아버지 할머니들만 계실까?

정석인 포항 유강초 1학년

오늘은 2003. 11. 17.

용돈

오늘 아빠한테 혼났다. 손바닥 열 대 맞았다. 속이 상했다. 5일 용돈 써야 되는데 다 썼다. 아빠한테 이젠 돈 많이 안 쓴다고 약속했다. 약속은 절대 지킬 거다.

서정희 음성 대소초 1학년

오늘은 2006. 11. 18.

승우의 친절

나는 학교를 마치고 보니 비가 왔다. 그래서 신발을 신고 있는데 승우가 우산이 없냐고 물어봤다. 내가 없다고 하니 같이 쓰고 가자고 했다. 그래서 승우에게 감동을 받았다. 그래서 나도 승우가 비가 오는데 우산을 안 가지고 오면 내가 우산을 들고 와 같이 쓰고 갈 것이다.

김다흰 부산 명륜초 1학년

오늘은 2003. 11. 19.

옷장 정리

오늘은 엄마가 태근(퇴근)하고 와서 옷장 정리를 하기로 했는데 내가 스스로 하기로 했다. 내가 하나하나 개서 정리를 했다. 정리를 하고 나니 기분이 좋았다.

위민철 음성 대소초 1학년

오늘은 2005. 11. 22.

받아쓰기 대회

오늘은 받아쓰기 대회를 했다. 가슴이 콩딱콩딱 뛰었다. 그리고 1, 2, 3, 4, 5, 6, 7, 8, 9, 10, 11, 12, 13, 14, 15, 16, 17, 18, 19, 20까지 했다. 그런데 자꾸 성구가 잘난 척을 해서 내가 성구보고 "야! 그만 좀 해." 그랬다.

선생님이 부르는 게 아니라 교감 선생님이 불러 주었다. 그리고 17번에서 아주 쉬운 문제가 나왔다. 그냥 1분 만에 썼다고 한나가 그랬다. 그리고 18번에 어려운 게 나왔다. 그러고 보니 '어렵고 쉽고, 어렵고 쉽고'가 연속되는 것 같다.

김근서 서울 누원초 1학년

오늘은 2006. 11. 23.

바람이 쌩쌩

오늘 정말 추웠다. 그래서 코트를 꼭 껴입고 학교까지 걸어갔다. 교실에서 창문으로 밖을 내다보면 바람 쌩쌩 학교 갈 때에도 바람 쌩쌩 학원 갈 때에도 바람이 쌩쌩 부니까 오늘은 바람의 날 같다. 바람 따라 나뭇가지들이 꼭 춤을 추는 것 같았다. 바람이 많이 부는 날은 싫다.

박소영 부산 명륜초 1학년

오늘은 2004. 11. 25.

방석

아빠가 “꽃다지 반에서 방석 빨 사람?” 하니까 성택이 오빠가 손을 번쩍 들었다. 아빠가 방석 껍데기를 주었다. 성택이 오빠는 얼른 수돗가로 달려가 방석을 빨았다. 방석 껍데기만 빠는 줄 알았는데 속에 있는 솜도 가져가서 빨아 버렸다. 아빠가 성택이 오빠보고 “야, 너 껍데기만 빨아야지 속까지 빨아 못쓰게 됐잖아. 목욕탕 가서 때만 벗겨야지 너는 간이랑 콩팥까지 다 씻냐.”

성택이 오빠는 손을 엉덩이 뒤로 놓으면서 눈을 째려보았다.

탁솔애 양양 공수전분교 1학년

오늘은 2003. 11. 26.

공포의 받아쓰기

받아쓰기는 싫다. 틀리면 4~5번 써야 한다. 받아쓰기는 내가 공부 중에서 가장 싫어한다. 진짜 엄청 싫다.

류재욱 음성 대소초 1학년

오늘은 2007. 11. 29.

맞은 일

오늘 급식을 먹을 때 성훈이가 좀 앞에 서게 해 주었다. 그런데 강규민이 새치기라고 주먹으로 어깨랑 얼굴을 때려서 울고 싶었지만 울보 공주라고 놀릴까 봐 참고 밥을 받았는데 성훈이가 아프다고 해서 가려고 우산을 펼치는데 내 얼굴에 맞아서 나는 울었다. 애들은 나한테 모여서 울보 공주라고 놀리고 위로해 주었다.

김초혜 포항 유강초 1학년

오늘은 2003. 11. 30.

조개

아빠께서 조개를 사 오셨다. 나는 조개를 솔로 박박 닦았다. 먹고 남은 조개껍데기는 화분에 놓으려고 한다.

류재욱 음성 대소초 1학년

오늘은 2003. 12. 1.

이빨 빼기

학원에서 집으로 걸어가다 물럭물럭(물렁물렁)한 과자를 먹고 있을 때 이빨이 흔들렸다. 집에 가서 다섯 시쯤에 아빠께서 이빨을 빼자고 그러셨다. 이빨을 뺀 다음 언니가 옥상에 올라가서 이렇게 힘껏 외쳤다.

"헌니(헌 이)는 수정이 주고 새 이는 너 가져라."라고 말했다. 엄마께서는

"헌니는 너 갖고 새 이는 수정이다." 이렇게 말했는데 언니가 꺼꿀로 말했다. 그래서 나는 헌니를 갖는 게 걱정이다.

고수정 음성 대소초 1학년

오늘은 2000. 12. 1.

일기

집에서 책도 읽고 텔레비전도 보고 놀기도 했다. 우리 집에 강아지가 새끼 강아지를 여섯 마리를 낳았다. 그래서 예쁘다. 엄마가 강아지를 다른 사람 다 주신다고 하셨다. 그래서 동생하고 나하고 울었다.

안성현 대구 시지초 1학년

오늘은 2004. 12. 1.

시루떡

할머니가 집에서 떡을 하셨다. 불린 쌀을 곱게 빻아서 삶은 팥을 사이사이에 넣어서 찐 떡을 시루떡이라고 하셨다. 옥상에 올라가서 떡을 올려놓고 절을 하였다. 그리고 다시 방에 다 갖다 놓고, 다시 절을 하였다. 나도 따라했다. 우리 가족 건강하게 해 달라고 빌면서…. 맛있게 먹는데 선생님 생각이 났다. 갖다 드리고 싶었기 때문이다.

수미 성남 신흥초 1학년

오늘은 2006. 12. 6.

고무줄로 별 만들기

먼저 엄지, 검지 손에 끼우고 다른 검지를 넣어서 끼우고 당기면 차모양이 되고, 차 모양에서 돌려서 끼우면 콜렉트콜 모양이 된다. 다시 검지로 엄지에 끼워 세모 모양에 넣고 끼우면 십자가 모양이 나온다. 중지로 새끼에 끼우면 별이 된다. 나는 고무줄에 천재인 것 같다.

이승환 부산 명륜초 1학년

오늘은 2007. 12. 6.

배식 당번

오늘은 내가 속해 있는 1분단 남자아이들이 배식 당번이었다.

나는 삼겹살을 친구들한테 나누어 주었다. 이원기, 송진욱, 안지훈은 삼겹살을 많이 달라고 했다. 하지만 다른 친구들도 먹어야 하기 때문에 나는 조금씩 나누어 주었다.

그런데 배식 당번인 우리가 밥을 먹을 때 상추가 하나도 없었다. 삼겹살은 상추에 싸서 먹어야 제 맛인데….

김준엽 포항 유강초 1학년

오늘은 2007. 12. 9.

아빠의 시컴댕이 찌찌

오늘 아빠의 시컴댕이 찌찌를 봤다. 너무 웃겼다. 정말정말 웃겼다. 그래서 찌찌 만지고 싶었는데 아빠가 간지러울까 봐 하지 않았다. 진짜 울 아빠 찌찌는 시커메서 진짜 내 웃음보가 터질 것 같았다.

천소현 포항 유강초 1학년

오늘은 2005. 12. 10.

나를 칭찬합니다

나는 칭찬할 점을 먼저 생각해 봤다.

곰곰이 생각하고 있는데 엄마가 와서 칭찬할 점을 알려 주셨다. 그래서 나는 일기를 썼다. 나의 칭찬할 점은 신발 정리하기, 공부 잘하기, 양보하기, 어려운 사람들 도와 주기, 책상 정리하기, 사람 기분 생각하기. 이런 것뿐이다.

권수영 서울 누원초 1학년

오늘은 2005. 12. 13.

겨울 날씨

겨울은 너무 춥다. 학교 갈 때 집밖으로 나오면 바람이 쌩쌩 불어서 내가 날아갈 것 같다. 아빠도 일찍 나가셔서 많이 추우셔서 아빠도 얼을 것 같다. 아빠에게도 장갑, 잠바, 목도리, 귀마개를 드려야겠다.

최수민 서울 누원초 1학년

오늘은 2003. 12. 14.

열이 펄펄 끓은 날

오늘은 잠을 자다가 열이 펄펄 끓어 있었다. 머리가 갈라져서 보물이 나올 만큼 아팠다. 머리가 돌고 뇌가 돌덩이인 줄 알았다. 머리가 땅 속으로 들어갈 만큼 아팠다.

이규범 음성 대소초 1학년

오늘은 2005. 12. 15.

리듬악기

리듬악기에는 여러 가지 악기가 있다.

나는 세 가지 악기가 있다. 탬버린은 손을 세워서 치는 거고, 트라이앵글은 8 같은 걸 끼고 들고 채로 치는 거고, 캐스터네츠는 뚫린 부분에 손을 대서 탁탁 소리를 내는 거다.

그리고 심벌즈는 손으로 볼록한 데를 잡고 치는 악기다.

소고는 채를 잡고 북처럼 치는 악기다. 이렇게 다섯 가지 리듬악기가 있다. 그리고 큰북은 채 두 개로 치고 작은북도 똑같이 큰북이랑 하는 거다. 그리고 소리가 즐거운 것 같다.

김근서 서울 누원초 1학년

오늘은 2004. 12. 16.

부모님 등을 닦아 드리다

욕실에서 엄마 등을 닦아 드렸다. 엄마가 시원하다고 했다.

그리고 아빠 등도 밀어 드렸다. 아빠도 시원하다고 했다.

아빠는 내가 한 번도 등을 안 밀어 드렸다. 다음에도 엄마 아빠 등을 많이 밀어 드려야겠다. 아빠 등은 넓어서 닦기가 좋았다. 엄마 등은 너무너무 좁아서 너무너무 쉬웠다.

엄마 아빠 등은 우리 등보다 넓다.^v^

이동현 성남 신흥초 1학년

오늘은 2007. 12. 15.

안면도에서 아빠가 오신 날

아침부터 아빠가 오시는 것이 기대되었다. 어제 안면도로 떠난 아빠가 밤늦게 오셨다. 나는 안면도에서 아빠가 하신 일이 무척 궁금했다. 아빠는 회사 직원들이랑 안면도 바닷가에서 기름 제거를 하셨다고 하신다. 가져가신 수건으로 기름에 묻은 돌을 닦고, 모래에 있는 기름도 제거하셨다고 하신다.

텔레비전에서 아빠가 일하시는 회사가 뉴스에 나왔다. 환경오염으로 많은 사람들이 수고하고 있다.

환경을 아끼고 사랑해야 할 것 같다.

배준형 포항 유강초 1학년

오늘은 2006. 12. 26.

쇠백로에게

쇠백로야 안녕? 나는 정서혜야. 너는 가슴, 허리, 양쪽 넓적다리에 가루 같은 솜털을 바르면 물에 젖지 않고, 더러움을 씻을 수 있다며? 나에게도 그 솜털을 조금만 주면은 좋겠다. 너는 여름철새지? 나는 여름을 참 좋아해. 왜~? 물이 시원하잖어~! 너의 이름은 나의 별명이야. 쇠백로는 작은 백로라는 것을 뜻하지! 그럼 또 만나자!

2006년 12월 26일 화요일, 서혜가

정서혜 부산 명륜초 1학년

오늘은 2005. 01. 03

똥

낮에 한결이가 똥 마렵다고 화장실에 들어갔는데 내가 한결이보고 나오라고 한 것뿐인데 한결이가

"어떻게 나와. 똥이 철철 나오는데."

엄마가

"똥이 철철 나오면 똥을 끊으면 되지."

한결이가

"못 끊어. 너무 길어서."

엄마는 해해해 하고 웃었다.

탁솔애 양양 공수전분교 1학년

찾아보기

제목•쓴 사람, 지역 학교 학년•글 쓴 해•실린 문집 이름•실린 쪽

ㄱ

엮은이 이영근

선생님은 경남 산청에서 태어났으며, 진주교육대학과 서울교육대학원을 나왔습니다.
지금은 경기도 상록초등학교에서 참, 사랑, 땀을 바탕으로 사는 참사랑반 담임을 맡고 있습니다.
서울경기 글쓰기교육연구회 회장을 맡기도 하였으며, 초등 교사를 위한
학급경영 누리집 '초등참사랑'을 1999년부터 운영하고 있습니다.
또한 토론이 '삶'으로 뿌리내리기 위한 '초등토론교육연구회' 회장을 맡고 있답니다.

그린이 윤지영

선생님은 대학에서 웹디자인을 공부하던 중에, 뒤늦게 그림의 매력에 빠져
그림을 공부하게 되었습니다. 몇 해 전부터 일러스트레이터로 활동하고 있습니다.
그림책을 비롯하여 여러 책에 그림을 그려 왔고, 앞으로도 표현하고 싶은 그림들이
너무나 많다는 즐거운 고민을 하고 있답니다.
지금은 어린이들의 기상천외한 생각을 담은 《놀고 싶다》를
설레는 마음으로 기다리고 있답니다.